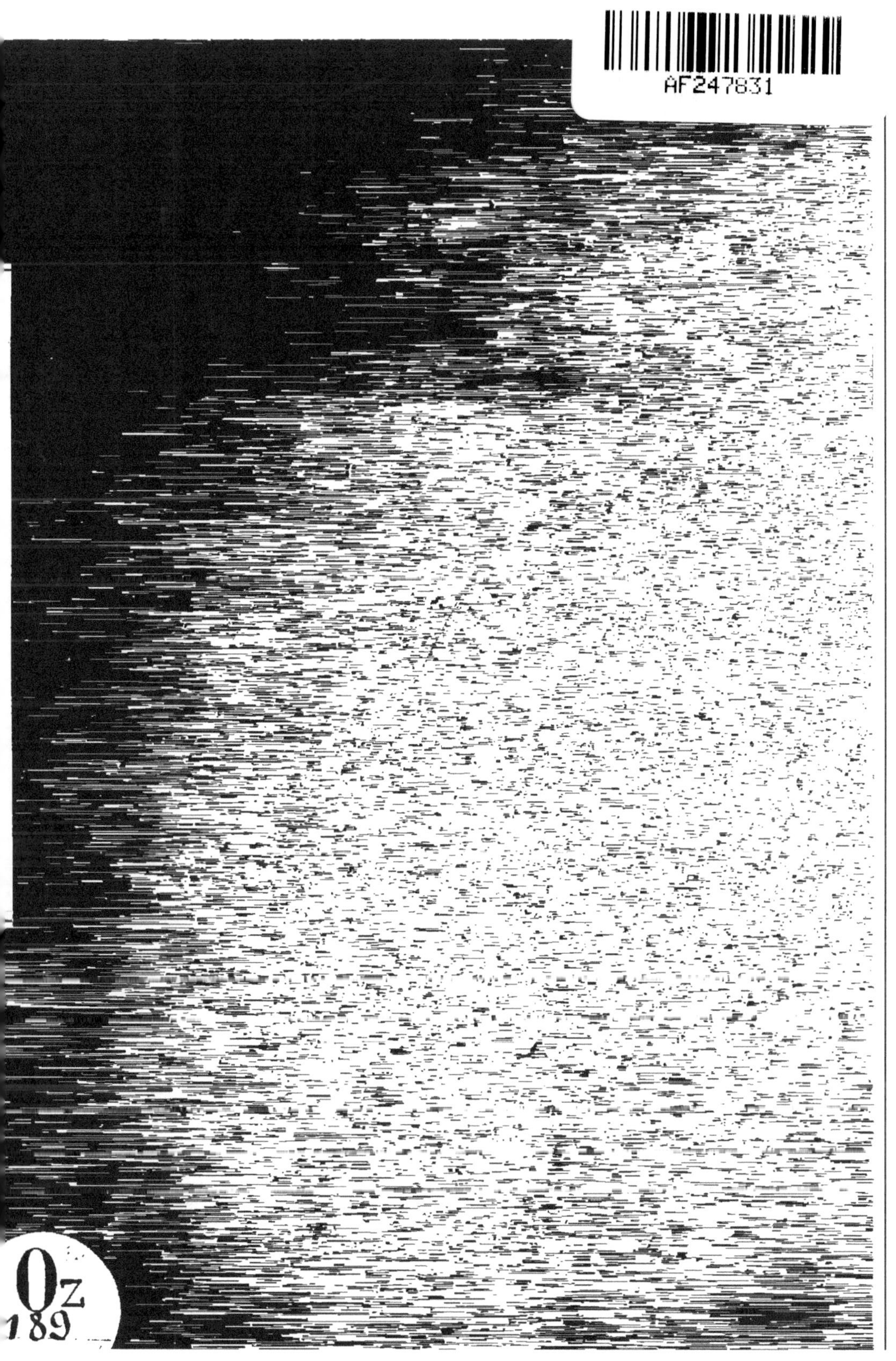

189

BIOGRAPHIE

DES

HOMMES DU JOUR,

PAR

G. Sarrut & B. Saint-Edme.

———✦———

EXTRAIT DE LA 2ᵉ PARTIE DU TOME IV.

———✦———

PARIS.

AU DÉPOT GÉNÉRAL, RUE DE L'OSEILLE, 7,

ET CHEZ H. KRABBE, ÉDITEUR,

QUAI SAINT-MICHEL, 15.

EXTRAIT

de la Biographie des Hommes du Jour;

PAR MM. GERMAIN SARRUT ET B. SAINT-EDME.

(*Tome V, 1ᵉ Partie*).

BIOGRAPHIE

DE

LOUIS-ANTOINE D'ABREU-E-LIMA,

VICOMTE DE CARREIRA.

A PARIS,

CHEZ H. KRABBE, QUAI SAINT-MICHEL, 15.

1840.

BIOGRAPHIE

DE

M. LOUIS-ANTOINE D'ABREU-E-LIMA,

VICOMTE DE CARREIRA.

M. *Louis-Antoine d'Abreu-e-Lima*, vicomte de *Carreira*, issu d'une famille distinguée de la province d'Entre Douro-e-Minho en Portugal, est né à Vianna, le 18 octobre 1785. Entré au service militaire dans le quatrième régiment d'artillerie en 1805, il passa en 1806 dans les colonies en qualité d'aide-de camp du gouverneur – général d'Anglola, emploi qu'il remplit jusqu'en 1810. Revenu à Rio Janciro, où la cour de Portugal se trouvait alors, et n'ayant pu y obtenir d'aller faire la guerre dans sa patrie, il occupa ses loisirs à perfectionner son éducation littéraire. En 1814, son ancien général ayant été nommé plénipotentiaire au congrès de Vienne, et lui proposant de l'y accompagner, M. de Lima accepta avec empressement cette occasion de sortir de l'état d'oisiveté forcée dans lequel il languissait, et se rendit en Europe avec un congé illimité.

Se trouvant à Vienne, il y fut accidentellement employé, et c'est de là que date sa carrière diplomatique. Nommé peu après secrétaire de légation à Pétersbourg, il y servit comme tel, et y exerça pendant huit ans les fonctions de chargé d'affaires du roi Jean VI. En 1824, le roi lui ayant conféré le poste de son envoyé extraordinaire et de ministre plénipotentiaire à la cour des Pays-Bas, M. de Lima y resta jusqu'au mois d'octobre 1830.

En 1828, lorsque D. Miguel usurpa le

trône de Portugal, M. de Lima refusa de
prêter serment de fidélité à ce prince, et
fut destitué; mais dans la note qu'il
adressa alors au gouvernement des Pays-
Bas pour lui en faire part, M. de Lima
déclara que, malgré cette destitution,
il n'en continuait pas moins à se regarder
comme ministre de la reine D. Maria, et
à exercer comme tel ses fonctions diplomatiques auprès du roi Guillaume I. Il en
fut ainsi en effet, et le gouvernement des
Bays-Bas ne cessa jamais de traiter et de
considérer M. de Lima comme ministre
de la reine.

Une tentative généreuse pour briser
les chaînes de la tyrannie ayant malheu-
reusement échoué à Oporto dans cette
même année (1828), un grand nombre d'émigrés portugais afflua en Europe ; M. de Lima leur procura en
Belgique un asile bienveillant et hos-
pitalier.

Lorsqu'après ce désastre, quelques débris de corps de troupes fidèles parvinrent à traverser l'Espagne, ou à venir par d'autres voies s'offrir aux défenseurs de la cause de la reine en Europe, on voulut les envoyer à l'île de Terceira, seul point de la monarchie portugaise qui n'eût pas subi le joug de l'usurpation; mais, le canon des Anglais les ayant empêché de débarquer, ils se virent forcés de retourner en Europe, où ils subirent toute sorte de persécutions et d'humiliations. Les gouvernemens de France et d'Angleterre les repoussèrent, et les obligèrent à quitter leur territoire, et les villes anséatiques elles-mêmes leur défendirent l'entrée de leurs districts. Dans cette pénible détresse, M. de Lima obtint du roi des Pays-Bas (novembre 1829) que ces militaires eussent la faculté de débarquer à Ostende, et qu'ils y fussent organisés, armés et embarqués de nouveau pour l'île de Terceira, où plus tard ils défendirent vaillamment ce boulevart de la légitimité constitutionnelle, et servirent de noyau à la petite et glorieuse armée, qui conquit, sans autres moyens que son audace, le groupe des Açores, et qui, enfin, grossie des recrues faites dans ces mêmes îles, et de quelques auxiliaires étrangers en petit nombre, osa tenter de briser les chaînes de la patrie contre un ennemi immensément supérieur, et qui disposait en maître de toutes les ressources de l'Etat. Le roi des Pays-Bas rendit alors à la cause de la Reine, le premier, le plus direct, et le plus signalé des services; service si mal reconnu depuis et payé de tant d'ingratitude !

M. de Lima fut désigné par l'Empereur du Brésil D. Pedro I, agissant comme père et tuteur de sa fille la reine dona Maria, pour être un des membres de la régence de Terceira, en cas d'empêchement ou de refus de quelqu'un des quatre autres individus qu'il avait désignés (1829).

La régence se composa d'abord du marquis (aujourd'hui duc) de Palmella, du marquis de Valença, allié de la famille royale, et de M. Guerreiro, magistrat distingué par ses lumières et son caractère ferme et décidé; mais le second, ayant refusé de se rendre à Terceira, fut substitué par le comte de Villa Flor (aujourd'hui duc de Terceira), qui était déjà gouverneur de l'île. M. de Lima appelé en cinquième à ces hautes, mais pénibles et difficiles fonctions, eut le bonheur de ne pas être obligé de les remplir.

L'Empereur D. Pedro voulant se débarrasser de l'affaire du Portugal, qui était devenue pour les Cortès du Brésil un sujet perpétuel d'attaques violentes contre sa personne et son gouvernement, se décida à envoyer en Europe, en qualité de son ambassadeur, le marquis de Santo Amaro, chargé d'arranger cette affaire avec le concours des gouvernemens de France et d'Angleterre, moyennant une transaction avec son frère D. Miguel (1). M. de Lima

(1) Il est bon de faire remarquer que cette ambassade coïncida avec la cessation du paiement du subside men-

en ayant été instruit, protesta formellement (19 juillet) contre tout arrangement qui compromettrait les droits de sa souveraine et la charte constitutionnelle de la monarchie portugaise, et adressa cette protestation à M. de Santo Amaro. M. d'Almeida (aujourd'hui comte de Lavradio), alors ministre de la reine à Paris, en fit autant de son côté. Les gouvernemens français et anglais d'alors avaient accueilli favorablement les ouvertures du marquis de Santo Amaro, mais heureusement la révolution de juillet déjoua ces projets dont la réalisation aurait consolidé le trône de don Miguel (1).

En 1830, M. de Lima, obligé de céder aux injonctions réitérées de la régence de

suel que D. Pedro s'était engagé à fournir à la régence de Terceira.

(1) Le gouvernement anglais non seulement ne voulut jamais prêter aucun appui effectif à la cause de la reine dona Maria, mais refusa même à M. de Lima la jouissance des priviléges diplomatiques, quoiqu'il les eût accordés aux agens des nouveaux états insurgés et non encore reconnus de l'Amérique Espagnole.

Terceira, et de se charger de la mission d'être son ministre *non reconnu* à Londres, s'y rendit au mois d'octobre, et y consacra ses soins, et tout ce qu'il possédait, à la défense de la cause de sa souveraine et de la liberté constitutionnelle de sa patrie (1). Il y eut à lutter non-seulement contre des difficultés de toute espèce, mais encore contre les divisions et les discordes des émigrés eux-mêmes, dont une partie s'étant constituée en société secrète, aspirait à la direction suprême des affaires, complotait ouvertement contre la régence de Terceira, tàchait de révolter contre elle la garnison de l'île, et faisait à Paris (centre principal de la faction dissidente) mille projets plus absurdes les uns que les autres,

(3) La régence l'honora des pouvoirs les plus étendus, et eut pour lui de très grands égards. Sachant qu'il se trouvait dans de très graves embarras pécuniaires, la régence l'autorisa à tirer sur elle une somme assez considérable; mais lui qui connaissait de son côté les difficultés et le dénuement extrême auxquels la régence elle-même était en proie, préféra la continuation de ses souffrances à aggraver celles de son gouvernement, et ne fit aucun usage de cette autorisation, vraiment généreuse et libérale à cette époque.

qui ne manquaient certainement pas d'audace, mais de sens commun. Cette poi-
gnée de malheureux se flattait de pouvoir
aller sauver le Portugal en traversant
l'Espagne, moyennant une ligue avec les
libéraux espagnols, et un traité, effecti-
vement conclu, avec le général Mina.
Leur nombre, cependant, ne dépassait pas
une centaine d'individus ! Pour réaliser
toutefois un si beau projet, il fallait avant
tout *le nerf de la guerre*, et, à cet effet,
ils s'adressèrent à la légation de Londres
(dont ils ne reconnaissaient l'autorité que
pour cela et pour leur payer des subsides),
la menaçant, en cas de refus, d'une responsabilité de lèze-majesté nationale et
royale. Mais la légation qui manquait du
nécessaire pour les dépenses sérieuses et
urgentes de la cause, repoussa cette sin-
gulière demande qui s'élevait à la somme
de 8,000 livres ster., qui, pour elle alors,
était immense.

M. de Lima essuya à Londres toute
sorte de mortifications. Le ministère de

la réforme (ministère de lord Grey),
quoique ses membres eussent été autrefois
les champions ardens de la reine, ne lui
prêta pas le plus petit appui; loin de là,
il fut plus d'une fois sur le point de
reconnaître don Miguel. Il menaça souvent
M. de Lima, lorsque celui-ci venait lui
dépeindre la détresse de la cause; et, l'on
doit le dire, la neutralité de ce cabinet
fut complète et glaciale. Il ne donna pas
même le moindre secours aux réfugiés
portugais, et n'accorda qu'à la sollicita-
tion pressante de M. de Lima, une somme
de 168 livres sterling, pour l'aider à payer
le retour de quelques-uns de ces malheureux dans leur patrie! Voilà tout ce que
les constitutionnels portugais durent au
gouvernement *libéral* de la Grande-Bre-
tagne.

Outre les froideurs incroyables du gouvernement anglais pour la cause constitutionnelle du Portugal, la patience de
M. de Lima fut rudement éprouvée à
Londres par les ingratitudes et les insultes

des émigrés, les mauvais traitemens de
son propre gouvernement, et les assauts
continuels de tous les aventuriers, de tous
les usuriers, de tous les vauriens de l'Europe. Don Pédro se laissant persuader que
sa présence seule suffirait pour conquérir
le Portugal alla s'enfermer dans Oporto et
s'y laissa entourer par l'armée nombreuse
de son adversaire, qui, peu à peu, resserra
la ville par terre et par mer, réduisit l'héroïque garnison et les habitans de cette
ville à la plus affreuse misère. Vers la fin
de 1832, la ville semblait ne pouvoir plus
tenir long-temps, et la cause paraissait
perdue. Le gouvernement de don Pédro
avait encore aggravé cette position en se
mettant en hostilité ouverte avec l'amiral
Sartorius, qui commandait la petite flotte
de la reine, et qui, manquant d'argent et de
provisions, n'avait pas pu maîtriser et con
tenir ses équipages, et menaçait maintenant de tourner ses forces contre la régence; celle-ci avait eu l'inconcevable
idée de faire arrêter l'amiral à bord de ses
vaisseaux, et chargé de cette mission, sir

John Milley Doyle, dont le nom ne figure dans cette guerre que pour cet exploit. L'amiral arrêta lui-même sir John Milley, et la scission avec le gouvernement n'en devint que plus prononcée et plus acerbe.

Dans une situation aussi critique, il fut question dans le conseil de D. Pedro de l'évacuation d'Oporto par les troupes constitutionnelles, sous la protection de la flotte anglaise commandée par l'amiral Parker, qui se trouvait dans le Tage ; mais un avis moins découragé prévalut, et il fut décidé qu'on enverrait à Londres une pompeuse mission, composée du marquis de Palmella, de M. Mouzinho d'Albuquerque et de deux autres individus, à laquelle devait se joindre le vieux comte Tunchal. Cette ambassade arriva à Londres le 28 novembre 1832. Son but principal était de conclure un armistice par l'entremise du gouvernement anglais. D. Pedro pressait vivement cette négociation, car, disait-il, la ville ne pouvait tenir au-delà de trente

jours. Toutefois, quelques petits avanta-
ges, remportés dans cet intervalle par les
troupes constitutionnelles à Oporto, ayant
enflé l'orgueil du gouvernement de D. Pedro, il désavoua les instructions données
à ses plénipotentiaires, et sacrifia ceux-ci
de la manière la plus criante, en blâmant
ce qu'ils avaient déjà fait en conformité
de ses instructions.

Cependant la situation d'Oporto devint
chaque jour plus critique. Les forces na-
vales de la reine se maintenaient en pleine
révolte, et D. Miguel s'apprêtait à en pro-
fiter pour bloquer librement cette ville
avec son escadre de manière à n'y laisser
pénétrer aucune provision de guerre ni de
bouche. Ce fut alors qu'il s'agit sérieuse-
ment à Londres de mettre en exécution une
idée qui depuis longtemps avait naturelle-
ment été suggérée encommun à beaucoup
de personnes, celle d'une expédition sur
quelque point distant du Portugal, afin d'o-
pérer une diversion, de dégager la ville
d'Oporto et de permettre à ses braves défen-

seurs de tenter une sortie ou quelque coup
de main hardi, qui pût relever leur courage
et écarter le danger imminent où se trouvait la ville héroïque. La perte de cette
ville entraînait en effet celle de la cause.
M. Mendizabal, l'agent le plus actif et le
plus dévoué de cette cause, et ardent par-
tisan de cette idée qu'il voulait exclusive-
ment s'attribuer, mit la main à l'œuvre,
d'accord avec M. de Lima.

Le secret était indispensable à la réus-
site de l'expédition, et l'on dut le garder
même envers la plupart des membres du
gouvenement de D. Pedro. On ne mit d'a-
bord dans la confidence que le capitaine
Napier et le colonel Evans, le premier des-
tiné au commandement de la partie mari-
time et de la flotte de Sartorius, et le second à celui de la partie militaire de terre
de l'expédition. Invités par M. de Lima, ces
deux braves Anglais eurent différentes
conférences à Londres avec lui et M. Mendizabal, dans lesquelles on discuta et on
arrêta différens points de l'entreprise. Le

colonel Evans, toutefois, effrayé par quelques nouvelles défavorables arrivées de Portugal , s'excusa de son commandement.

Le capitaine Napier ayant exigé la présence du marquis de Palmella dans l'expédition, celui-ci s'y prêta, non sans répugnance, en raison de la manière dont il avait été traité par D. Pedro ; mais il céda aux instantes sollicitations de M. de Lima, et sacrifia son juste ressentiment à l'intérêt de la cause et de la patrie.

Les difficultés que l'on eut à vaincre furent immenses, et semblaient insurmontables, mais l'activité de M. Mendizabal suppléait à tout. M. de Lima devait cependant prendre sur lui toute la responsabilité de l'affaire. Il devait désobéir aux ordres de son gouvernement, qui lui prescrivaient *expressément et de la manière la plus positive de n'envoyer aucun secours d'argent ni de provisions à l'escadre de Sartorius et de ne pas engager le capitaine Na-*

pier au service de la reine (1). M. de Lima
devait sentir d'ailleurs tout ce qu'il y avait
d'irrégulier et d'inusité à garder un secret
de cette nature vis à-vis de son propre gouvernement ; toutefois il n'hésita pas à se
charger de ce grand poids, et à attirer sur
lui la colère du gouvernement de D. Pedro. Il avait déjà sacrifié à la cause tout
son patrimoine et il ne lui restait plus que
sa personne à lui offrir. Il consomma le
sacrifice.

Avant tout, il fallait empêcher que
l'amiral Sartorius ne réalisât la menace
qu'il avait faite de se retirer avec son
escadre dans un des ports de la Man-
che, et de la retenir en nantissement des
arrérages dûs à ses équipages. M. Man-
dizabal lui expédia en toute hâte de l'ar-

(1) Cette notice complète et rectifie pour la partie his-
torique les détails que nous avons déjà donnés dans l'ar-
ticle consacré à M. Jose da Silva-Carvallio (t. 2. première
partie) auquel nous avons à tort fait honneur, *comme
ministre,* de plusieurs dispositions prises par M. de Lima,
non-seulement en dehors de ses ordres, mais même en
opposition à ses instructions.

gent et des provisions , et M. de Lima ,
qui autorisa cette démarche et ces dépenses , écrivit à l'amiral pour le calmer
et le conjurer de ne pas abandonner son
poste dans un tel moment. Le capitaine
Napier fut engagé formellement par M. de
Lima, nous le répétons, malgré la défense
absolue et positive du gouvernement de
D. Pedro, défense qu'il dut cacher soi-
gneusement au capitaine, et dont celui-ci
ne se doute peut-être pas encore à l'heure
qu'il est.

M. Mendizabal , aidé de quelques pa-
triotes portugais que l'on mit vers la fin
dans le secret, termina les préparatifs de
l'expéditon avec la plus grande célérité,
et dès qu'elle fut à peu près prête, M. de
Lima en rendit compte à son gouvernement.

Le secret avait été admirablement gardé
pendant long-temps, mais il fut rompu
d'une manière inattendue. Le gouvernement d'Oporto avait envoyé à Londres,

dans les premiers jours de l'année de 1833, un agent. M. da F. M., chargé d'y traiter d'une expédition qui n'eut pas de suite. Cet agent s'y trouvait encore, et lorsque les préparatifs furent assez avancés, M. Mendizabal demanda à M. de Lima si l'on pourrait en faire la confidence à M. da F. M., en cas que celui-ci promît de garder un secret inviolable. M. de Lima n'y voyant aucun inconvénient, et cette confidence étant d'ailleurs conforme à ses désirs et à ses intentions, engagea M. Mendizabal à la faire. M. da F. M. n'eut cependant rien de plus pressé que d'en écrire à son ami M. C. à Oporto, et celui-ci à son tour se fit un mérite auprès de D. Pedro d'aller lui rapporter immédiatement ce que son ami lui mandait de Londres. D. Pedro n'aimait pas les secrets, et ne se piquait guère de discrétion. L'on parla et D. Miguel fut aussitôt instruit de tout à Lisbonne; mais heureusement il était déjà trop tard pour lui. Il défendit cependant tout de suite l'entrée du Tage pendant la nuit, et un cri d'alarme retentit en Europe parmi ses

agens et ses protecteurs, lesquels lui en-
voyèrent, en toute hâte, un maréchal de
France (Bourmont) pour commander son
armée, et un officier anglais (le capitaine
Elliot) pour commander son escadre.

La déloyale indiscrétion de M. da F. M.
qui faillit faire manquer une entreprise si
laborieusement et si admirablement pré-
parée, eut, pour M. de Lima, un résultat
bien singulier. Le gouvernement de don
Pédro, fâché du peu de confiance et d'é-
gards que M. de Lima lui avait témoigné en
cette occasion, et se fondant sur les révéla-
tions de M. da F. M., fulmina des répriman-
des amères et violentes contre M. de Lima;
mais, par bonheur, elles lui parvinrent en
même temps que la dépêche de l'amiral
Napier lui annonçant sa victoire du 5 juillet, qui avait mis en son pouvoir l'escadre
de don Miguel et celle du marquis de Palmella, lequel lui communiquait les résul-
tats importans et merveilleux de l'expédition des Algarves, la marche triomphale
du duc de Terceira depuis Lagos jusqu'à

Lisbonne, et l'affranchissement de cette capitale du joug de l'usurpateur, par l'entrée qu'y fit la petite armée du duc, le 24, et l'escadre de Napier, le 25 du même mois. M. de Lima se consola donc facilement des explosions de la colère des ministres de don Pédro, et a conservé précieusement les dépêches de réprimande comme les titres les plus honorables pour lui.

A la mort du vieux comte de Tunchal, ambassadeur extraordinaire à Londres, M. de Lima, qui y avait passé l'époque de martyre, de tourmens et d'épreuves, depuis 1830 jusqu'au moment de cet événement, arrivé au mois de décembre 1833, et qui avait déjà été reconnu et admis à présenter à Guillaume IV ses lettres de créance, comme ministre extraordinaire et ministre plénipotentiaire de S. M. *très-fidèle*, fut confirmé dans ce poste. Mais à peine avait-il commencé à s'y établir, que son gouvernement changea brusquement sa destination et l'envoya à Paris avec le même caractère.

Quelque temps après (1ᵉʳ décembre 1834) la reine accorda spontanément à M. de Lima le titre de vicomte de Carreira, qu'il porte maintenant.

M. de Lima est grand'croix de l'ordre de Saint-Benoit d'Aviz, commandeur de l'ordre de la Conception, chevalier de Saint-Wladimir de 3ᵉ classe, et a dans l'armée le grade de lieutenant-colonel.

FIN.

Imp. de P. Baudouin, rue Mignon, 2.